Armbrusters Hof Kräutergarten

Ulrike Armbruster

Zaubern mit Kräutern

lecker und gesund

Armbrusters Hof

Armbrusters Hof
Obertal 5
77791 Berghaupten

Tel: 07803/40500
EMail: Armbruster-Berghaupten@t-online.de
Internet: www.Armbruster-Berghaupten.de

Rezepte: Ulrike Armbruster
Layout und Fotos: Werner Armbruster
Umschlag: Roni Pruckner
Druck: Grafische Werkstatt, Berlin
© 2012 by Armbrusters Hof
3. Auflage 2015

ISBN 978-3-00-039931-2

Inhalt

VORWORT..9

ALLGEMEINES ÜBER KRÄUTER...10

BÄRLAUCH 12

    BÄRLAUCH-SUPPE 14
    BÄRLAUCH-SPÄTZLE 15
    BÄRLAUCH-SERVIETTENKNÖDEL MIT CHAMPIONSOßE 16
    BÄRLAUCH-PESTO 18
    BÄRLAUCH-WÜRZPASTE 19
    BÄRLAUCH-ÖL 20
    BÄRLAUCH-ESSIG 20

BRENNNESSEL 22

    BUNTE GEMÜSETERRINE MIT BRENNNESSEL 24
    BRENNNESSEL-KAVIAR IN KAPUZINERKRESSE-BLÜTEN 25
    GEFÜLLTE TOMATEN MIT BRENNNESSEL 26
    KARTOFFELROLLE MIT BRENNNESSEL 28

GIERSCH 30

    GIERSCH-FLÄDLE-SUPPE 31
    GIERSCH-CREMEDIP 32
    GIERSCH-LIMONADE 33

KNOBLAUCHSRAUKE 34

FRISCHKÄSE-RÖLLCHEN MIT KNOBLAUCHSRAUKE AUF WILDKRÄUTERSALAT ... 35
KRÄUTERCREME MIT KNOBLAUCHSRAUKE 36
FRISCHKÄSE-QUICHE MIT KNOBLAUCHSRAUKE 37
BADISCHE KRATZETE MIT KNOBLAUCHSRAUKE 38
KRÄUTERRISOTTO MIT KNOBLAUCHSRAUKE 40

LÖWENZAHN 42

LÖWENZAHNSALAT IN KARTOFFELMARINADE 44
LÖWENZAHNBLÜTEN-GELEE 46
LÖWENZAHNBLÜTEN-LIKÖR 47
ZARTE QUARKKLÖSSE MIT LÖWENZAHNBLÜTEN 48

ROSEN 50

ROSEN-PARFAIT 51
ROSEN-ESSIG 52
ROSEN-ZUCKER 53

SCHAFGARBE 54

KÜRBIS-SCHAFGARBE-QUICHE 56
ZUCCHINI-RÖLLCHEN MIT SCHAFGARBE IN EINER TOMATENSOSSE 58
SCHAFGARBENBUTTER 60

SPITZWEGERICH 62

SPITZWEGERICHSUPPE 64
BRATLINGE MIT GEMÜSE UND SPITZWEGERICH 65

VOGELMIERE 66

KÜRBISCREME-SUPPE MIT VOGELMIERE 68
WILDES KARTOFFELPÜREE 69
VOGELMIERENOCKERL AUF TOMATENSOSSE 70

KRÄUTER-ERNTEÜBERSICHT 72

Vorwort

Zauberhafte Speisen, lecker und gesund, habe ich Ihnen in
diesem Kräuterkochbuch zusammengestellt.
Die Speisen werden überwiegend mit Grundnahrungsmitteln
zubereitet und bieten mit einfacher Verarbeitung ganz
besondere Geschmackserlebnisse.
Entdecken Sie, was die Natur für Köstlichkeiten uns
bereithält.

Die Rezepte sind jeweils für 4 Personen.

Gutes Gelingen wünscht Ihnen

Ulrike Armbruster

Meisterin der ländlichen Hauswirtschaft,
Kräuterpädagogin und Bäuerin

Allgemeines über Kräuter

Verwenden Sie nur Kräuter, die Sie kennen.
Sammeln Sie die Kräuter nicht an Straßen, Hundewegen und auch nicht auf Flächen mit intensiver Landwirtschaft.

Immer noch genügend von den Pflanzen stehen lassen, damit diese weiterwachsen können.

Das ganze Kraut kann im Kühlschrank 1-2 Tage aufbewahrt werden.

Alle Kräuter sollte man grundsätzlich waschen und gut abtropfen lassen. Nur die Blüten sollten nicht gewaschen werden.

Kräuter erst kurz vor der Verarbeitung zerkleinern, damit keine wertvollen Inhalts-stoffe verlorengehen.

Der Rose süßer Duft genügt,
man braucht sie nicht zu brechen -
und wer sich mit dem Duft begnügt,
den wird ihr Dorn nicht stechen.

Friedrich Martin von Bodenstedt

Bärlauch   (allium ursinum)

Der Bärlauch gehört zur Familie der Liliengewächse.
Er wird auch wilder Knoblauch oder Waldknoblauch genannt. Bärlauch ist mehrjährig und die Blätter sind grundständig gestielt. Das Blatt ist lanzettförmig mit einer Länge von 20-30 cm und hat einen intensiven Knoblauchgeruch. Die Blüten sitzen auf einem langen, blattlosen Stiel.
Es ist ein doldenähnlicher Blütenstand. Sie sind weiß und sternförmig.
Im Frühjahr können Massenbestände den Boden überziehen, deren Knoblauchgeruch von weitem wahrnehmbar ist. In Auwäldern, Laubmischwäldern, Buchenwäldern, Hecken und Baumgärten breitet sich der Bärlauch extrem aus. Junge Bärlauchblätter findet man von März bis Mai.
Verwenden kann man die Bärlauchblätter in der Kräuterküche für Suppen, Pestos und Würzen, sowie für Essige, Öle und als Wildgemüse.
Die Knospen verwendet man als falsche Kapern, die Blüten als Brotbelag und zu Salaten.
Bärlauch gibt den Speisen einen milden Knoblauchgeschmack.
Er enthält Lauchöl, Flavonoide, Mineralstoffe und sehr viel Vitamin C.
Bärlauch hat eine blutreinigende und blutdrucksenkende Wirkung.

Achtung: Um die Blätter des Bärlauchs nicht mit den giftigen Blättern des Maiglöckchens, der Herbstzeitlose oder des Aronstabs zu verwechseln, müssen die Bärlauchblätter immer einzeln gepflückt und beim Sammeln genau überprüft werden.
Den typischen Knoblauchgeruch hat nur der Bärlauch.

Bärlauch-Suppe

1	Schalottenzwiebel
40 g	Butter
40 g	Mehl
500 ml	Gemüsebrühe
100 g	süße Sahne
100 g	Sauerrahm
50 g	Bärlauch
	Salz

Schalotte fein hacken, in Butter dünsten und das Mehl zugeben. Mit Gemüsebrühe langsam ablöschen und zum Kochen bringen. Den fein gehackten Bärlauch mit der Sahne in die Suppe rühren, mit Salz abschmecken.

Anschließend mit Sauerrahm verfeinern, nicht mehr kochen.
Die Suppe vor dem Servieren mit fein gehacktem Bärlauch garnieren.

Bärlauch-Spätzle

250 g	Mehl
2	Eier
1	Prise Salz
1/8 L	Mineralwasser
50 g	Bärlauch

oder **3 EL Bärlauchwürzpaste** (siehe Rezept im Buch)

2,5 L	Salzwasser
1 TL	Öl

Mehl, Eier, Salz, Mineralwasser und Bärlauch bzw. Bärlauchwürzpaste zu einem festen, glatten Teig rühren.

Salzwasser aufkochen, Öl zugeben. Den Teig durch eine Spätzlepresse pressen oder mit einem Spätzleschaber in das kochende Salzwasser schieben. Sobald die Spätzle wieder an die Wasseroberfläche steigen mit einem Schaumlöffel herausnehmen und warm stellen.

Tipp: Passt zu Championcremesoße, zu Geschnetzeltem oder mit geriebenem Käse zu Käse-Bärlauchspätzle mit gerösteten Zwiebeln.
Anstelle von Bärlauch auch mal mit Petersilie oder Schnittlauch herstellen.

Bärlauch-Serviettenknödel mit Championsoße

Knödel:

200 g	Brötchen, feinblättrig aufgeschnitten
4	Eier
100 ml	lauwarme Milch
30 g	fein geschnittenes Bärlauch
	Salz, etwas Muskat
2-3 L	Salzwasser zum Kochen

Soße:

40 g	Butter
1	Zwiebel
250 g	frische Champions (geviertelt)
1 EL	Mehl
¼ L	Gemüsebrühe
100 g	Schmand oder Sauerrahm

Aufgeschnittene Brötchen locker in eine Schüssel geben. Eier und Milch, Salz und Muskat verquirlen und über die Brötchen gießen. 1-2 Stunden ziehen lassen.

Fein geschnittenes Bärlauch locker zugeben und untermischen. Wenn der Teig zu fest ist, etwas Milch zugeben, und falls der Teig zu weich ist, etwas Weckmehl zugeben.

Salzwasser in einem großen Topf zum Kochen bringen. Den Teig zu einem großen, länglichen Knödel formen. In einem Geschirrtuch locker aufrollen damit der Knödel noch aufgehen kann. Bei mäßiger Hitze im Salzwasser ca. 30-40 Minuten garen lassen. Butter erhitzen, Zwiebel andünsten, Pilze zugeben und dünsten, mit Mehl bestäuben. Nach und nach mit Brühe aufgießen, würzen und 10 Minuten köcheln lassen. Mit Schmand oder Sauerrahm abschmecken.

Tipp: Serviettenknödel können gekocht sehr gut eingefroren werden. Im heißen Salzwasser erwärmen oder in Scheiben geschnitten in der Pfanne anrösten.

Bärlauch-Pesto

100 g	Bärlauch
5 EL	Sonnenblumenkerne
20 g	Parmesan
1	Knoblauchzehe
200 ml	Rapsöl
	Salz, Pfeffer

Bärlauchblätter waschen und trocken tupfen. Alle Zutaten mit dem Pürierstab fein hacken oder durch den Fleischwolf lassen.

Das Gemisch gut verrühren, in Gläser füllen und mit Öl bedecken.

Bärlauchpesto passt zu Nudeln, zu kurz gebratenem Fleisch, zu Kartoffelgerichten und eignet sich sehr gut als Brotaufstrich.

Tipp: Anstelle von Bärlauch auch sehr lecker mit Basilikum, Rucola oder Petersilie.

Bärlauch-Würzpaste

100 g	Bärlauch
10 g	Salz
1oo ml	Rapsöl

Junge, frische Bärlauchblätter waschen, trocken tupfen. Die Blätter sehr fein hacken oder mit einem Pürierstab zerkleinern. Mit Salz und Öl gut verrühren.

Die Würzpaste in Gläser abfüllen, mit Öl bedecken. Diese Würzpaste verleiht allen Suppen, Soßen und Nudelgerichten einen herrlichen Hauch von Knoblauch.
Die Speisen nur sparsam salzen.

Die Würzpaste ist dunkel und kühl gelagert 1 Jahr haltbar.

Tipp: Würzpaste kann auch aus anderen Kräutern (z.B. Liebstöckel, Petersilie, Basilikum) hergestellt werden.

Bärlauch-Öl

5	Bärlauchblätter
500 ml	Öl (z.B. Rapsöl)
1	Prise Salz

Bärlauchblätter sehr fein schneiden, mit dem Salz in eine Flasche geben und mit dem Öl auffüllen. Das Öl ist 6-8 Wochen haltbar. Das Öl eignet sich besonders für Blattsalate.

Bärlauch-Essig

5	Bärlauchblätter
500 ml	Weißweinessig
1 TL	Zucker

Die Bärlauchblätter sehr fein schneiden, mit dem Zucker in eine Flasche geben und den Essig übergießen. Mindestens eine Woche reifen lassen.
Verleiht jedem Blattsalat einen leichten Knoblauchgeschmack.

Tu deinem Leib etwas Gutes,
damit die Seele Lust hat,
darin zu wohnen.

Theresia von Avila

Brennnessel (urtica dioica)

Die Brennnessel gehört zur Familie der Brennnesselgewächse und wird auch Donnernessel oder Hanfnessel genannt.

Aus dem Wurzelstock wächst die bis zu 1,5m hohe Pflanze mit herzförmigen und am Rand grob gesägten Blättern, deren Stiel kantig ist.

Die Brennnessel ist zweihäusig. Die männliche Pflanze enthält Blütenstaub und die weibliche Pflanze bildet die kleinen grünen, später dunkelbraunen Samen.

Die Brennnessel ist fast auf der ganzen Erde verbreitet und kann nahezu das ganze Jahr über verwendet werden. Die jungen Blätter verwendet man am besten frisch als Gemüse, Spinat oder Suppe. Die Samen der weiblichen Brennnessel kann man frisch oder getrocknet essen. Tee bereitet man am besten aus getrockneten Blättern.

Inhaltsstoffe der Brennnessel sind vor allem Vitamin C und A, Flavonoide, Mineralstoffe und Kieselsäure.

Vergleich	Brennnessel 100g	Kopfsalat 100g
Vitamin C	330mg	13mg
Vitamin A	1 mg	0,684 mg
Eisen	7,8mg	1,1mg
Magnesium	70mg	11mg
Kalium	410mg	225mg

Die Brennnessel ist die
verachtetste unter den Pflanzen.
Für den Kenner hat sie in der Tat
den größten Wert.

Anton Kneipp

Bunte Gemüseterrine mit Brennnessel

500 g	Gemüsestreifen (z. B. Karotten, Zucchini, Lauch, Kürbis)
50 g	frische, junge Brennnesselblätter
6	Eier
250 g	süße Sahne
150 g	Schmand
	Salz, Pfeffer, Currypulver

Gemüsestreifen in Salzwasser knapp 2 Minuten blanchieren, in einem Sieb mit kaltem Wasser kurz abschrecken und abtropfen lassen.
Backofen auf 180°C vorheizen.
Brennnesselblätter waschen, trocken schütteln und klein hacken.
Eier, Sahne, Schmand verquirlen, mit Salz, Pfeffer und Currypulver gut würzen, mit Gemüsestreifen und Brennnessel mischen und in eine Auflaufform füllen.
Ein tiefes Backblech mit Wasser füllen, in den heißen Ofen schieben, Auflaufform ins Backblech stellen. 20-25 Minuten im Wasserbad garen bis die Terrine fest ist.
In Stücke schneiden. Anschließend warm oder kalt auf einer Platte anrichten.

Verwendung: Als Beilage, zum Brunch, für kaltes Buffet oder mit Brot zum Abendessen.

Brennnessel-Kaviar in Kapuzinerkresse-Blüten

10-12	Kapuzinerkresse-Blüten (oder Malvenblüten)
2 L	Gefäß mit Brennnesselsamen
	Kräuteröl
1 kl.	Knoblauchzehe
	Salz, Pfeffer
	etwas Essig (z.B. Holunderessig)

Die Brennnesselfrüchte durch ein grobes Sieb reiben, so dass die Stiele zurückbleiben.

Kräuteröl in der Pfanne erhitzen, Brennnesselfrüchte zugeben und rösten bis sie knusprig sind.

Salz und gepresster Knoblauch nach Geschmack zugeben und nach Belieben noch mit Essig (z.B. Holunderessig) abschmecken.

Den Brennnesselkaviar in die Kapuzinerkresse-Blüten (oder Malvenblüten) füllen.

Verwendung: Gefüllte Blüten eignen sich vorzüglich als Finger-Food.

Gefüllte Tomaten mit Brennnessel

4	Tomaten	*Soße:*	
1	trockenes Brötchen	300 g	passierte Tomaten
2	Eier	100 g	Schmand
50 ml	warme Milch	1	Knoblauchzehe
1	kleine Zwiebel		Salz, Pfeffer
1	Handvoll junge Brennnesselblätter		geriebener Käse zum bestreuen
	Salz, Pfeffer, Butter		

Das Brötchen klein schneiden. Die Eier mit der Milch verquirlen, mit Salz und Pfeffer würzen und über die Brötchenwürfel gießen. Zwiebel und Brennnesseln klein hacken, in Butter andünsten und dazugeben. Alles gut vermischen und ca. 30 Minuten ziehen lassen.

Am Stielansatz der Tomaten kleine Deckelchen abschneiden. Die Tomaten mit einem kleinen Löffel aushöhlen und mit der Brötchenmasse füllen.

Eine Soße aus den passierten Tomaten, dem ausgehöhlten Fruchtfleisch, Schmand, Knoblauchzehe sowie Salz und Pfeffer herstellen und in eine Auflaufform geben. Die Tomaten draufsetzen und mit geriebenem Käse bestreuen.

Im vorgeheizten Backofen bei 200°C 30-40 Minuten backen.

Verwendung: Mit Basmati-Reis oder Salzkartoffeln ein leichtes sommerliches Hauptgericht.

Tipp: Anstelle von Brennnessel kann man auch gemischte Kräuter wie Giersch, Spitzwegerich, Petersilie oder Schnittlauch verwenden.

Kartoffelrolle mit Brennnessel

Kartoffelteig:

750 g	mehlig kochende Kartoffeln frisch gekocht
70 g	Mehl
2	Eier
50g	junge Brennnesselblätter
	Salz
	Mehl zum Auswellen

Füllung:

100g	Schinken gekocht in Scheiben
	etwas Butter
	Fett zum Ausbacken

Brennnesselblätter fein hacken, danach in Butter kurz andünsten.
Die heißen Kartoffeln pellen, durchpressen und abkühlen lassen. Mehl, Salz und verquirlte Eier und die Brennnesselblätter leicht untermischen. Rasch in einen glatten Teig verarbeiten und auf einer mit Mehl bestäubten Arbeitsplatte etwa 1,5 cm dick ausrollen.
Mit den Schinkenscheiben belegen, den Kartoffelteig aufrollen und in 1cm dicke Scheiben schneiden. Fett in der Pfanne erhitzen und die Kartoffelscheiben goldgelb ausbacken.

Mit einem Salat ergibt es eine Hauptmahlzeit.

Tipp: Anstelle von Brennnessel kann man auch Schnittlauch, Petersilie oder andere gemischte Kräuter und Wildkräuter verwenden.

Giersch (aegopodium podagraria)

Der Giersch, auch Geißfuß, Dreiblatt oder Gichtkraut genannt, gehört zur Familie der Dolden-
blütler. Auf nährstoffreichen Böden in Gärten, Parkanlagen, in Obstanlagen unter Gebüschen
oder am Wegrand findet man das dichtwachsende, mehrjährige Wildkraut.
Giersch hat ein dreigeteiltes Blatt, das eine gelblich-grüne Farbe hat. Von Mai bis August hat die
Pflanze weiße Doldenblüten.
Junge Blätter eignen sich für die Küche am Besten zum Herstellen von Suppen, Salaten oder als
Gemüse. Ältere Blätter verwendet man zur Limonade und die Früchte für ein Würzbrot.

Gierschblätter sind eine hervorragende Dekoration von Käse- oder Wurstplatten, und die weißen
Blütendolden bieten sich für einen herrlichen Blumenstrauß an.
Giersch schmeckt nicht nur gut, er ist auch gesund.
Er enthält viel Vitamin C, Provitamin A, Eiweiß,
verschiedene Mineralstoffe, besonders viel Kalium.
In der Volksheilkunde wird Giersch als Gichtpflanze
bezeichnet.

	Tagesbedarf	Giersch 100g
Vitamin C	76 mg	200 mg
Provitamin A	1 mg	0,685 mg

Giersch-Flädle-Suppe

80 g   Mehl
1   Ei
1 Prise Salz
1/8 L   Milch
20 g   junge Gierschblätter
          Öl zum Ausbacken
1 L   Gemüsebrühe

Den Giersch fein hacken und mit Mehl, Ei, Salz und Milch zu einem glatten Teig verrühren.
Den Teig zu einem dünnen Pfannkuchen ausbacken.
Noch warm aufrollen, auskühlen lassen und dann dünn aufschneiden.

Erst kurz vor dem Servieren mit heißer Gemüsebrühe übergießen, da sonst die Pfannkuchen aufweichen.

Tipp: Die Flädle sind gut zum Eingefrieren geeignet.

Giersch-Cremedip

2	Knoblauchzehen
8 St.	Zwieback
20	junge Gierschblätter
1	Karotte
125 ml	Öl
200 g	Quark
	etwas Wasser
	Salz, Pfeffer
	etwas Essig

Den Zwieback grob zerbröseln, in eine Plastiktüte geben und mit dem Nudelholz o.ä. zermahlen. Knoblauchzehen pellen, groß zerkleinern. Giersch und Karotten waschen und grob hacken. Im Mixer oder Zauberstab mixen, etwas Wasser und das Öl portionsweise zugeben. Quark unterziehen und mit Salz, Pfeffer und Essig abschmecken.

Verwendung: Schmeckt sehr gut als Brotaufstrich.

Giersch-Limonade

10   große Gierschblätter
1 L   Apfelsaft
500 ml   Mineralwasser mit Kohlensäure
         Saft einer Zitrone

Die Gierschblätter zu einem Sträußle zusammenbinden und kräftig drücken.
Das Kräutersträußle in Apfelsaft eintauchen.
Einige Stunden kühl stellen und vor dem Servieren Mineralwasser und Zitronensaft dazugeben.
Die Limonade kann mit oder ohne Kräutersträußle serviert werden.

Falls kein Giersch zur Hand ist, kann auch Pfefferminze, Zitronenmelisse, Zitronenverbene, Waldmeister oder Gundermann verwendet werden.
Die Kräuter können auch gemischt werden.

Tipp: Im Sommer mit Eiswürfel servieren.

Knoblauchsrauke (alliaria petiolata)

Knoblauchsrauke ist eine zweijährige Pflanze und gehört zur Familie der Kreuzblütler.
Sie wird auch Knoblauchskraut oder Lauchkraut genannt.

Im ersten Jahre entwickeln sich aus dem Samen die typischen Blattrosetten, aus denen dann im folgenden Jahr von April bis Juli weiße Blüten entstehen. Die Blätter sind herzförmig, buchtig gezähnt, und haben starken Knoblauchgeruch.
Die Knoblauchsrauke ist in ganz Europa verbreitet, sie bevorzugt feuchte, schattige Standorte an Wegrändern, hinter Hecken und am Waldrand.

Die wichtigsten Inhaltstoffe der Knoblauchsrauke sind die Senfölglycoside sowie ätherische Öle und Mineralstoffe.
Wenn die Knoblauchsrauke auch nach Knoblauch riecht, so ist das Allicin des Knoblauchs ein anderer Inhaltsstoff als das Senfölglycosid der Knoblauchsrauke

Die jungen Blätter schmecken am besten vor der Blüte, man verwendet sie in Suppen, für Wildkräutersalate, Saucen, Dips oder als Wildgemüse.
Die Samen, die in länglichen Schoten reifen, kann man zu Senf verarbeiten.
Die Knoblauchsrauke fördert die Verdauung und ist appetitanregend.

Frischkäse-Röllchen mit Knoblauchsrauke auf Wildkräutersalat

250g	Frischkäse	*Salatsoße:*	
4	Handvoll Knoblauchsrauke-Blätter	4 EL	Öl
	klein geschnitten	2 EL	Essig
4	Handvoll Wildkräuter	200 ml	Gemüsebrühe
	(z.B. Löwenzahn, Pimpinelle, Schafgarbe)		Salz, Pfeffer, etwas Zucker
	Gänseblümchen oder andere Blüten zur Garnitur		

Den Frischkäse zu einer Rolle formen und in den klein geschnittenen Knoblauchsrauke-Blättern wälzen. Wildkräuter waschen, klein schneiden oder zupfen. Aus Öl, Essig, Gemüse-brühe, Salz, Zucker und Pfeffer eine Marinade herstellen. Mit den Wildkräutern vermischen und auf einer Platte anrichten.
Frischkäserollen in Scheiben schneiden, auf Salat geben und mit Gänseblümchen garnieren.

Tipp: Wildkräutersalat kann nach Belieben mit Salat der Saison ersetzt werden.

Kräutercreme mit Knoblauchsrauke

200 g	Frischkäse
200 g	Magerquark
2 EL	fein geschnittene Blätter der Knoblauchsrauke
	Salz

Alles gut miteinander verrühren, mit Knoblauchsraukenblätter garnieren.

Tipp: Kann auch mit gemischten Kräutern hergestellt werden.

Frischkäse-Quiche mit Knoblauchsrauke

1 Rolle   Blätterteig (aus dem Kühlregal)
Belag:
200g   Frischkäse
200g   Schmand
100g   Parmesan
4 EL   Knoblauchsrauke fein geschnitten
2   Eier
5-6   Stangen gekochter Spargel
          oder Tomatenscheiben
          Kräutersalz

Backform mit Blätterteig auslegen, dabei einen Rand von 2 cm bilden. Mit einer Gabel mehrmals einstechen. Frischkäse, Schmand, Eier, Parmesan und Kräutersalz verrühren, Knoblauchsrauke dazu geben und die Masse über den Teig gießen. Den Spargel oder die Tomaten gleichmäßig darauf verteilen. 30 – 40 Minuten bei 200°C im Backofen backen. Eine feine Vorspeise oder als Hauptgericht mit Salat.

Tipp: Anstelle von Knoblauchsrauke können auch Frühlingszwiebeln verwendet werden.

Badische Kratzete mit Knoblauchsrauke

200g	Mehl
4	Eier getrennt
¼ L	Milch
1 Prise	Salz
30g	Knoblauchsrauke, fein geschnitten
	Öl zum backen

Die Eier teilen, das Eiweiß steif schlagen. Das Mehl in eine Schüssel sieben, die übrigen Zutaten dazugeben und zum Schluss das Eiweiß unterheben. Mit dem Handrührgerät zu einem glatten Teig verrühren und 10 Min. quellen lassen.
Öl in der Pfanne erhitzen. Den Teig in 3-4 Portionen ausbacken, mit 2 Bratwendern in mundgerechte Stücke abkratzen.

Passt gut zu Blattsalat und im Frühling zu badischen Spargelgerichten.

Tipp: Man kann auch gemischte Kräuter verwenden, gut schmecken die Kratzete auch mit Schnittlauch.

Kräuterrisotto mit Knoblauchsrauke

300g	Risottoreis (Arborio)
40g	Zwiebel
40g	Butter
100ml	Weißwein
ca. 1L	Gemüsebrühe
	Pfeffer, Salz
4 EL	Knoblauchsrauke oder gem. Kräuter nach Jahreszeit, fein geschnitten
30g	Parmesan

Die Butter in einem Topf (nicht zu klein, da der Reis aufquillt) erhitzen und die Zwiebel goldbraun andünsten. Den Reis dazugeben, glasig werden lassen und mit Wein löschen.
Wenn dieser verkocht ist, mit der Brühe nach und nach aufgießen und immer wieder umrühren. Der Reis sollte nur leicht mit der Brühe bedeckt sein.
Nach ca. 20 Minuten die Kräuter unterrühren, nur noch kurz kochen lassen, den Parmesan unterrühren und gleich servieren.

Passt vorzüglich zu Fisch- und Geflügelgerichten oder einfach zu Salat der Saison.

Tipp: Mit einem Eisportionierer zu Kugeln verarbeiten.

Löwenzahn (taraxacum officinale)

Der Löwenzahn gehört zur Familie der Korbblütler und wird auch Pusteblume genannt.
Er ist ein wahrer Überlebenskünstler, ist winterhart, und man findet ihn auf Wiesen, an Wegrändern und in Gärten.

Der Löwenzahn besitzt eine dicke Pfahlwurzel, grundständig erscheint eine Blattrosette mit stark gezähnten Blättern. Die Blütenköpfe wachsen auf einem ca. 40 cm hohen blattlosen Stängel.
Die Pflanze enthält einen weißen, nicht giftigen Milchsaft und ist reich an Mineralstoffen, Vitamin C, Eisen, Kieselsäure sowie Gerb- und Bitterstoffe.
Die jungen, blassgrünen Blätter verwendet man für Salat oder als Wildgemüse, die Knospen als Kapern-Ersatz.

Aus den Blüten werden Gelees, Liköre, Süßspeisen und Honig hergestellt. Die Wurzel wird im Backofen geröstet, anschließend gemahlen und dient als Kaffee-Ersatz.

Löwenzahn ist entwässernd und blutreinigend.

Löwenzahnsalat in Kartoffelmarinade

Marinade:

150 ml	Gemüsebrühe
2	Schalottenzwiebeln
2 EL	Weißweinessig
1 TL	Senf
1 EL	Knoblauchöl
3 EL	Öl
2	kleine gekochte Kartoffeln
	Salz, Pfeffer aus der Mühle, Zucker

Salat:

4	Eier
300 g	Löwenzahn
40 g	Bauchspeck
10 g	Butter
	Gänseblümchen zum Garnieren

Die Gemüsebrühe erhitzen. Schalotten fein hacken. Essig, Senf, Gewürze und Öl zu einer Marinade verquirlen (mit einem Handrührgerät). Die Kartoffeln pellen, durch eine Presse drücken und mit der Marinade verrühren. Die Eier hart kochen und schälen. Den Löwenzahn putzen, die Außenblätter und die Stiele entfernen. Den Löwenzahn zerteilen, in kaltem Salzwasser waschen und trocken schleudern. Den Löwenzahn in die Marinade geben, vorsichtig unterheben. Die Eier vierteln und auf den Salat setzen. Den Speck würfeln, mit der Butter in der Pfanne goldbraun braten und über den Salat streuen. Mit Gänseblümchen garnieren.

Tipp: Anstelle von frisch gekochten Kartoffeln eignet sich auch ein Rest Kartoffelpüree.

Gott hat die Kräuter in ihrer Pracht
nicht nur zur Zierde
der Erde gemacht.
Er hat Ihnen auch die Kräfte verliehen
aus Wunden und Schmerzen
den Stachel zu ziehen.

unbekannt

Löwenzahnblüten-Gelee

750 ml   **Wasser oder Apfelsaft**
1 L   **Löwenzahnblüten**
500 g   **Gelierzucker 2:1**
           Saft von 1 Zitrone

Die Blüten mit Wasser
(oder Apfelsaft) kurz aufkochen
lassen.
Mehrere Stunden abkühlen und
ziehen lassen.
Den Saft durch ein Sieb filtern und
auf 750 ml mit Wasser auffüllen.
Mit Gelierzucker und dem
Zitronensaft nach Packungs-
anleitung unter Rühren zubereiten.

Gelierprobe machen und noch heiß in kleine Gläser abfüllen.

Löwenzahnblüten-Likör

30-35	**Löwenzahnblüten**
500 ml	**Korn oder Obstbrand**
50 g	**Kandiszucker**

Alle Zutaten in eine Weithalsflasche füllen und mindestens 2 Wochen ziehen lassen, und fertig ist der Löwenzahnblüten-Likör oder Löwenzahnblüten-Magenbitter.

Die Blüten können, so lange sie mit Alkohol bedeckt sind, in der Flasche bleiben.

Tipp: Eine besondere Geschenkidee.

Zarte Quarkklöße mit Löwenzahnblüten

2 Bl.	Gelatine
1	Zitrone
250 g	Magerquark
70 g	Löwenzahnsirup-Honig oder
50 g	Zucker
200 g	Schlagsahne
5	Löwenzahnblütenblätter (nur gelbe Blütenblätter, keine Kelchblätter)

Zum Garnieren:
Löwenzahnsirup-Honig
Löwenzahnblüten

Gelatine in kaltem Wasser einweichen.
Die Zitrone waschen, Saft auspressen, und mit Magerquark und Löwenzahnsirup-Honig (oder Zucker) verrühren. Gelatine ausdrücken, auflösen, Temperaturausgleich machen und unter die Quarkmasse rühren. Sahne steif schlagen, mit den Löwenzahnblütenblättern unter die Quarkmasse ziehen. Einige Stunden im Kühlschrank fest werden lassen.

Aus der festen Quarkmasse mit zwei Esslöffeln oder dem Eisportionierer Quarkklöße formen. Auf jeden Teller 3 Klöße setzen, mit einem Löffel den Löwenzahnsirup-Honig streifenförmig übergießen.

Herz, erträgst du diese Freude,
trägst du so viel Seligkeit?
Himmel, Erde: eine Sonne
und ein Blühen weit und breit.

Gustav Falke

Rosen (rosaceae)

Die Rose ist sehr artenreich. Es gibt die Wildrosenarten
wie die Heckenrose, es gibt Edelrosen und die Duftrose,
die in der Küche verwendet wird. Die Rose gehört zur
Familie der Rosengewächse und ist ein mehrjähriger,
winterharter Strauch, der dunkelgrüne Blätter trägt.
Die Hagebutten sind die Früchte der Wildrosen, die von
September bis Oktober reif sind.
Hagebutten enthalten sehr viel Vitamin C sowie
Flavonoide und Gerbstoffe. Diese Früchte werden zu
Tee, Likör, Mus oder Gelee verarbeitet.
Die Hagebutten sind immunstärkend und heilungs-
fördernd.
Von den unbehandelten, intensiv duftenden Rosen
verwendet man die Blütenblätter zu Gelee, Essig, Zucker und Sirup sowie für Süßspeisen.
In der Küchenverarbeitung eignen sich am besten kräftigfarbene Rosen wie z.B. die ´Rose de
Rescht´.

Rose de Rescht

Extra: Eine Rose hat keine Dornen, sondern Stacheln. Schlehen, Weißdorn oder Sanddorn haben
Dornen.

Rosen-Parfait

½ L   **Schlagsahne**
            Sahnesteif
½ L   **Naturjoghurt**
3-4 EL   **Zucker**
            Blütenblätter von 2 Rosen
            (für die Küche geeignet z.B. Rose de Rescht)
1 EL   **Pfefferminzblätter**

Rosen- oder Pfefferminzeblätter zum dekorieren

Die Schlagsahne mit Sahnesteif steif schlagen. Mit den kleingeschnittenen Blütenblättern der Rosen und kleingeschnittenen Pfefferminzblätter, dem Joghurt und dem Zucker vermischen und in eine Kastenform füllen.
Einige Stunden gefrieren lassen.
Rosen-Parfait kurz antauen lassen, in Scheiben schneiden, und mit Pfefferminzeblatt oder Blütenblättern der Rosen garnieren.

Tipp: Tauschen Sie die Blütenblätter der Rosen auch mal der Jahreszeit entsprechend mit frischen Früchten und Beeren aus, schmeckt herrlich!

Rosen-Essig

1 L	Blütenblätter von Duftrosen
2 L	Weißweinessig
	etwas weißer Kandiszucker

Die Blütenblätter in Streifen schneiden, in ein großes Glasgefäß füllen, mit Essig übergießen und Kandiszucker dazugeben.

2-3 Wochen stehen lassen, gelegentlich schütteln. Anschließend abfiltern und in kleine Flaschen füllen.

Schmeckt vorzüglich zu sommerlichen Blattsalaten.

Tipp: Nur rote, rosa oder lila farbige Rosen verwenden. Helle Rosenblütenblätter werden bräunlich.

Rosen-Zucker

20 g   getrocknete Blütenblätter von Duftrosen (z.B. Rose de Rescht)
100 g   Zucker

Die Blütenblätter mit einem Mörser oder einer Küchenmaschine (evtl. auch alte Kaffeemühle) zerkleinern und mit Zucker vermischen.

Gibt allen Süßspeisen eine besondere Note und verwandelt sie in aromatische Kostbarkeiten.

Eine tolle Geschenkidee.

Tipp: Rosenzucker in den Hefetcig geben.

Schafgarbe (achillea millefolium)

Die Schafgarbe, die auch Grillenkraut oder Schafszunge genannt wird, gehört zur Familie der Korbblütler. Die mehrjährige Pflanze wächst bevorzugt auf sonnigen, nährstoffreichen Wiesen, an Wegen und an Ackerrändern.

Aus dem Wurzelstock wachsen bis zu 70 cm hohe Stängel mit feinen, gefiederten Blättern. Ab Juni hat die Schafgarbe weiße, doldenähnliche Blütenstände.

Geerntet werden junge Blätter und Blütenköpfchen

Schafgarbe enthält neben ätherischen Ölen Bitterstoffe, Gerbstoffe, Kieselsäure und Flavonoide.

Ein Tee von Schafgarben wirkt entzündungshemmend und krampflösend. Die Bitterstoffe fördern die Verdauung und sind appetitanregend.

Aus jungen Schafgarbenblättchen kann man eine hervorragende Schafgarbenbutter herstellen, außerdem eignen sich die frischen Blättchen für Salate, Kräuterdips, zu Aufläufen und Quiches. Fetthaltige Speisen werden mit Schafgarbe bekömmlicher.

Gesundheit
bekommt man nicht im Handel,
sondern
durch den Lebenswandel.

Sebastian Kneipp

Kürbis-Schafgarbe-Quiche

Teig:

200 g	Mehl
125 g	kalte Butter
1 Prise	Salz und Zucker
4 EL	kaltes Wasser

Füllung:

250 g	Schmand
250 g	Kürbis (z.B. Hokaido)
100 g	geriebener Käse
2	Handvoll Schafgarbenblätter
4	Eier
	Kräutersalz, Pfeffer, Currypulver

Alle Zutaten erst mit den Knethaken des elektr. Handrührgerätes, dann mit den Händen zu einem glatten Teig verarbeiten. Den Teig abgedeckt ca. 30 Minuten kalt stellen. Backofen auf 200°C vorheizen.

Für die Füllung Schmand, Eier, geraspelter Kürbis, Käse, fein gehackte Schafgarbeblätter verrühren. Mit Kräutersalz, Pfeffer und Currypulver abschmecken.

Teig auswellen, in Kuchenform legen, dabei einen ca. 3 cm hohen Rand formen.

Die Füllung auf den Teig geben und die Quiche im heißen Backofen ca. 40 Minuten backen.

Tipp: Wenn es schnell gehen soll, eine Packung Blätterteig verwenden.

Tipp: Anstelle von Schafgarbe können auch gemischte Wildkräuter (z.B. Pimpinelle, Spitzwegerich, Bärlauch) verwendet werden.

Zucchini-Röllchen mit Schafgarbe
in einer Tomatensoße

1	mittelgroße Zucchini
8	Scheiben Käse
8	Scheiben gekochter Schinken
1	Handvoll junge Schafgarbe-Blättchen
500 g	gewürfelte Tomaten
	Salz, Pfeffer

Die Zucchini in 8 dünne Scheiben schneiden, jede Scheibe mit Käse und Schinken belegen und die Schafgarbe-Blättchen darauf verteilen, aufrollen und mit einem Zahnstocher fixieren.
Die gewürfelten Tomaten in eine Auflaufform geben und mit Salz und Pfeffer würzen.

Die Zucchini-Röllchen in die Tomatensoße stellen, im vorgeheizten Backofen bei 200°C für 45 Minuten backen.
Mit Schafgarben-Blättern garnieren.

Tipp: Dazu passt als Beilage Reis oder Salzkartoffel.

Schafgarbenbutter

250 g	Butter
2 EL	Schafgarbe-Blätter
½ TL	Salz

Butter einige Stunden zuvor aus dem Kühlschrank nehmen. Mit dem Handrührgerät verrühren.

Die Schafgarben-Blätter fein hacken, unter die Butter mischen, in Rollen formen und kühl stellen.

Tipp: Auch mit allen anderen Kräutern nach Belieben möglich.

Kein Genuss
ist vorübergehend,
denn der Eindruck,
den er hinterlässt,
ist bleibend.

J.W. von Goethe

Spitzwegerich (plantago lanceolata)

Der Spitzwegerich, auch Heilwegerich, Wundwegerich oder Roßrippe genannt, gehört zur Familie der Wegerichgewächse.

Spitzwegerich ist ein mehrjähriges Wildkraut und wird 10 – 40 cm hoch. Die Blätter stehen in einer Rosette, sie sind schmal und längsgerippt. An der Unterseite des Blattes hat der Spitzwegerich 5 auffällige Blattrippen. An langen, blattlosen Stielen sitzen die eiförmigen Blütenähren.

Die Blütezeit geht von Mai bis September.

Spitzwegerich findet man häufig auf trockenen Wiesen und Weiden und am Wegrand.

Die jungen Blätter sind am zartesten von April bis Juni oder im September, wenn die Pflanze im Sommer abgemäht wurde.

Aus den jungen Blättern kann man eine vorzügliche Suppe herstellen, die einen feinen Pilzgeschmack hat. Man verwendet die Blätter in Wildkräutersalaten, als Wildgewürz in Bratlingen oder Quiches.

Spitzwegerich enthält Schleimstoffe, Gerbstoffe, Aucubin, Kieselsäure, Flavonoide sowie Mineral-stoffe mit hohem Zink- und Kaliumgehalt.

In der Volksheilkunde werden Spitzwegerichblätter bei Reizhusten empfohlen.

Der Press-Saft des frischen Krautes wirkt äußerlich wundheilend, blutstillend und entzündungs-hemmend. Häufig wird das frische Kraut zur Versorgung nach Insektenstichen verwendet.

Spitzwegerichsuppe

¾ L   kräftige Gemüsebrühe
¼ L   Sahne
2 TL   Stärkemehl
30 g   junge Spitzwegerichblätter
        Salz

Die Gemüsebrühe mit der Sahne zum Kochen bringen. Das Stärkemehl in etwas Wasser auflösen, in die Suppe rühren und einmal aufkochen lassen.
Die fein gehackten Spitzwegerichblätter dazugeben und nochmals aufkochen lassen. Nach Belieben mit dem Pürierstab durchpürieren. Nach Bedarf noch etwas Salz zugeben.

Schmeckt auch sehr gut mit gemischten Kräutern:
Verwenden Sie je nach Vorliebe Vogelmiere, Pimpinelle, Sauerampfer, Schafgarbe, Schnittlauch, Petersilie und Liebstöckel.

Bratlinge mit Gemüse und Spitzwegerich

400 g	Gemüse wie Zucchini, Kürbisse, Lauch, Karotten
2	Eier
4 EL	Mehl
20 g	junge Spitzwegerichblätter
	Salz, Pfeffer
	Fett für die Pfanne
1	Becher Sauerrahm
	Salz
	Schnittlauch

Das Gemüse fein raspeln, in einer Pfanne andünsten bis es bissfest ist. Die fein geschnittenen Spitzwegerichblätter dazugeben. In einer großen Schüssel Gemüse, Eier, Mehl und Gewürze mischen. Fett in der Pfanne erhitzen, mit einem Löffel Bratlinge in die Pfanne setzen, von beiden Seiten knusprig braten.

Sauerrahm, Schnittlauch und Salz zu einem Sauerrahmdip verrühren.

Die Bratlinge sind zusammen mit einem Salat eine Hauptmahlzeit.

Anstelle von Spitzwegerich sind auch Petersilie oder Schnittlauch gut zu verwenden.

Vogelmiere (stellaria media)

Die kleine unscheinbare Pflanze gehört zur Familie der Nelkengewächse und wird oft auch Hühnermiere oder Hühnerdarm genannt.
Vogelmiere gibt es ganzjährig, sie wird 3 – 20cm hoch und hat kleine, weiße Blüten.

Das bekannte Acker- und Gartenwildkraut wurzelt sehr flach und gedeiht auf nährstoffreichem, humushaltigem Boden.
Die Blätter sind ca. 2 cm lang.
Die Stängel sind niederliegend mit einer feinen Haarleiste an den Stängeln.

Vogelmiere wird frisch in der Küche während des ganzen Jahres für Suppen, Salate, in Pfannkuchen- oder Brotteig verwendet.
Der Geschmack von Vogelmiere erinnert uns an junge Maiskolben.

In der Volksheilkunde wird Vogelmiere von Pfarrer Kneipp als Mittel bei Husten empfohlen.

Vogelmiere hat viele Vitamine, Mineralstoffe wie Kalium und Eisen sowie Saponine (schleimlösende Wirkstoffe).

Inhaltstoffe von Vogelmiere:

	Tagesbedarf	**150g Vogelmiere**
Eisen	10 mg	12,8 mg
Kalium	1000 mg	1020 mg
Calcium	800 mg	125 mg
Magnesium	300 mg	60 mg
Vitamin C	75 mg	170 mg
Provitamin A	1 mg	0,58 mg

150g Vogelmiere liefern uns den Tagesbedarf an Eisen, Kalium und Vitamin C.

Kürbiscreme-Suppe mit Vogelmiere

500 g	Kürbis (Hokkaido oder Muskat)
500 ml	Gemüsebrühe
150 g	Schmand
20 g	Vogelmiere
	Salz, Pfeffer, Curry, Kürbiskernöl, Kürbiskerne

Kürbis würfeln und in der Gemüsebrühe weich kochen und zusammen mit der Vogelmiere pürieren. Suppe aufkochen, Schmand dazugeben und mit Salz, Pfeffer und Curry abschmecken.
Suppe in vorgewärmten Tellern anrichten und mit Vogelmiereblättle, Kürbiskernöl und Kürbiskernen garnieren.

Anstelle von Vogelmiere können auch 2 Teelöffel fein gehackter Salbei verwendet werden.

Tipp: Hokkaido-Kürbis kann mit der Schale verwendet werden.

Wildes Kartoffelpüree

750 g	**Kartoffel**
200 g	**Frischkäse**
30 g	**Vogelmiere**
	Salz, Milch

Die Kartoffeln kochen, pellen und heiß durchpressen oder stampfen.

Den Frischkäse und fein geschnittene Vogelmiere dazugeben und gut unterrühren.

Das Püree mit Salz abschmecken und bei Bedarf noch etwas Milch dazugeben.

Vogelmierenockerl auf Tomatensoße

Nockerl:

250 g	Magerquark
2	Eier
100 g	Mehl
50 g	geriebener Käse
50 g	Vogelmiere
	Salz, Pfeffer
	Salzwasser zum Kochen

Soße:

500 g	Tomaten
2	Zwiebeln
1 EL	Öl
1	Knoblauchzehe
	Salz, Pfeffer

Quark, Eier, Mehl und Käse verrühren. Fein geschnittene Vogelmiere dazugeben und zu einem Teig verarbeiten. Mit Salz und Pfeffer würzen.

Die Tomaten häuten und in kleine Würfel schneiden. Feingeschnittene Zwiebel in Öl glasig dünsten, Tomaten zugeben und 5 Minuten leicht köcheln lassen.

Die Knoblauchzehe durchpressen und dazugeben. Mit Salz und Pfeffer abschmecken.

Mit 2 Teelöffel aus der Quark-Vogelmiere-Masse Nockerl abstechen, diese in kochendes Wasser geben und bei schwacher Hitze 15 – 20 Minuten gar ziehen lassen.

Tomatensoße in eine flache Schüssel geben, Nockerln auf der Tomatensoße anrichten und servieren. Dazu passt ein Salat der Saison.

Verwendung: Mit Fisch und Geflügel als leichtes Hauptgericht.

Tipp: Statt Vogelmiere kann Spinat, Petersilie oder Schnittlauch verwendet werden.

Kräuter-Ernteübersicht

Pflanze	Ernte (Monat)	Pflanzenteile		Geschmack
Bärlauch	3-5	junge Blätter	mehrjährig	Knoblauchartig
Brennnessel	4-10	junge Blätter	mehrjährig	nussig, aromatisch
	9-10	Samen		
Giersch	4-6	junge Blätter	mehrjährig	würzig, säuerlich, Petersiliengeschmack
Knoblauchsrauke	3-6	junge Blätter	zweijährig	Knoblauchartig
Löwenzahn	4-5	Blüten	mehrjährig	leicht bitter, würzig
	3-7	junge Blätter		
Rosen	6-10	duftende Blütenblätter	mehrjährig	lieblich
	9-10	Hagebutten		
Schafgarbe	3-10	junge Blätter	mehrjährig	würzig
	7-10	Blüten		leicht pfeffrig
Spitzwegerich	4-9	junge Blätter	mehrjährig	mild, würzig
Vogelmiere	ganzjährig	junge Triebe	mehrjährig	nach jungen Maiskolben

Schönheit ist überall.
Nicht sie fehlt unseren Augen,
sondern unsere Augen
sehen oft daran vorbei.

Auguste Rodin